RUSSIAN
PICTURE WORD BOOK

Svetlana Rogers

Illustrated by
Barbara Steadman

DOVER PUBLICATIONS, INC.
Mineola, New York

деревья

скворечник

верёвка
для белья

прищепки

тротуар

шорты

майка

забор

птица

носки

поилка
для пти

брюки

столб

кот
(или кошка)

газон

бумажные стаканы

бумажная тарелка

плюшевый
медвежонок

стол для пикника

цветы

яблоко

скамейка

кролики

Пикник

лимонад

горшочные растения

заднее крыльцо

лейка

рожка

мусорный
бак

шланг

кукуруза

печенье

жаровня

огород

салат

3

ветряная мельница

деревья

силосная башня

урожай

дом фермера

овцы

сарай

каменная стена

ворота

собака

тачка

коровы

пастбище

овца

ягнёнок

ворона

изгородь

телёнок

кот (или кош...)

девочка

4

— флюгель

фруктовый сад

амбар

сеновал

лестница

коза

трактор

кормушка

фермер

вилы

свиньи

лошадь

петух

лягушка

рица

утки

пруд

На ферме   5

Мой город

6

деревья

дорожка

парк

статуя

дорога

ветеринарная лечебница

частокол

церковь

книжный магазин

магазин одежды

улица

крыша

парковка (или стоянка)

банк

аптека

булочная

парикмахерская

машина

банкомат

гидрант (или пожарный кран)

клумба

7

обезьяна

пещера

гориллы

зебра

жираф

слоны

змеи

крокодилы

8

тигр

медведи

птицы

антилопа

дерево

воздушный шарик

львы

бегемот
(или гиппопотам)

В зоопарке　　9

дерево

зонтик от солнца

велосипед

бабочка

дорожка

скамейка

мужчина

тележка

вафельная
трубочка

мальчик

колесо

телега

птица

В парке

гнездо

воздушный шарик

мост

камни

лодка

лебедь

озеро

женщина

цветы

девочка

ствол дерева

трава

собака

белка

мяч

11

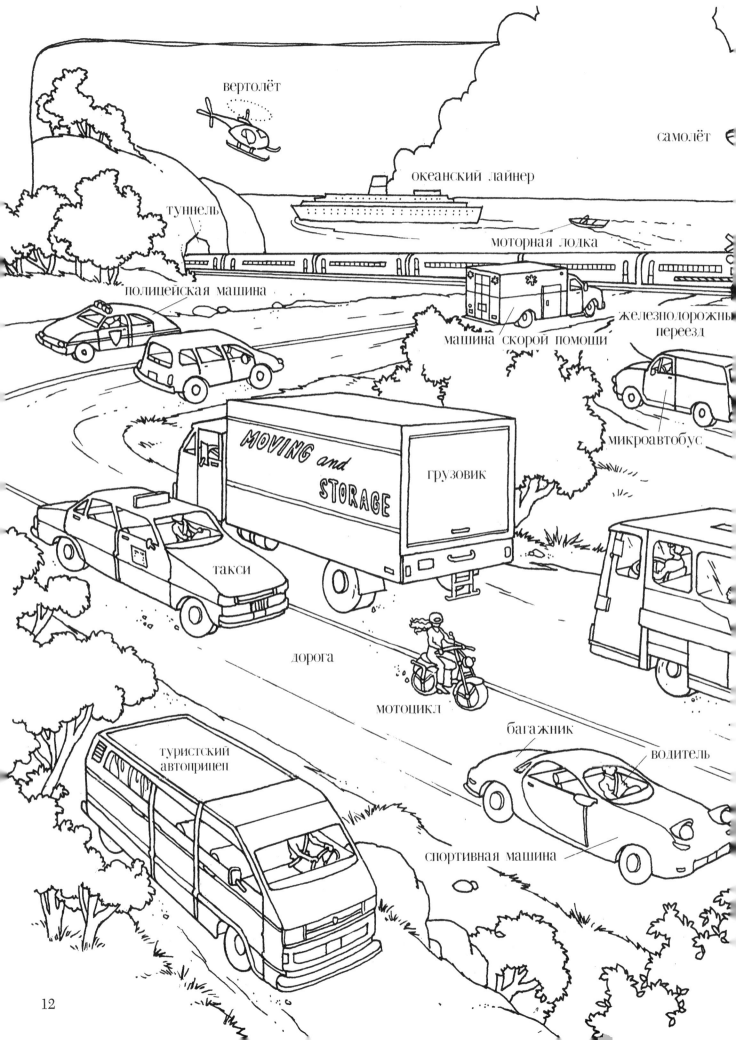

вертолёт

самолёт

океанский лайнер

туннель

моторная лодка

полицейская машина

машина скорой помощи

железнодорожный переезд

микроавтобус

MOVING and STORAGE

грузовик

такси

дорога

мотоцикл

багажник

водитель

туристский автоприцеп

спортивная машина

дирижабль

город

дом

поезд

автомобиль
с откидным верхом

велосипед

детская
коляска

автобус

капот

ветровое стекло
(или лобовое стекло)

большой пикап

пикап

фары

шина

Транспортные средства   13

открытки

зеркало

Africa

жираф

воздушные шарики

фотография

шляпа

лампа

браслет

ожерелье

зайчик

шкатулка для ювелирных изделий

сумочка

юбка

платье

плюшевый медвежонок

блуза

стул

Спальня девочки

занавески

кровать

наушники

СД плейер

КНИГИ

кукла

игрушка

ленты

комод для белья

альбом для раскрашивания

цветные карандаши

чулки

ночная рубашка (или ночная сорочка)

одеяло

покрывало

свитер

КУКОЛЬНЫЙ домик

таночки

овёр

туфли

лошадка и тележка

КЛОУН

коробка из-под обуви

игровые карты

сундук

15

ENDANGERED

слон

парусные лодки

плакаты

модели самолётов

гоночная машина

кровать

портьеры

подушки

настольная лампа

бейсбольная перчатка и бейсбольный мяч

простыни

стакан

спортивный свитер

ночной столик

носки

книги

баскетбольный мяч

бейсбольная бита

одеяло

туфли

кот (или кошка)

вымпелы

глобус

вешалка

окно

рабочая лампа

костюм

комод

галстук

...дио

письменный стол

табуретка

штепсельная розетка

стул

бумажник

кроссовки

ковёр

корзина для мусора (или мусорная корзина)

Спальня мальчика   17

индеец

крытая повозка
(или фургон)

штора

картинки

окно

книжный шкаф

шкаф

наружные ящики
для цветов

ученик

ученица

блокнот

ручка

стул

парта

тетрадь

книги

линейка

Классная комната

алфавит

A B C D E F G H I J K L M

a b c d e f g h i j

1 2 3 4 5 6 7 8 9 0 числа

Mrs. Jones

флаг

часы

доска объявлений

карта

доска

глобус

учительница

губка для доски

мел

указка

учительский стол

компьютер

корзина для мусора

журнал

стол

бумага

стирательная резинка

карандаш

клавиатура

выдвижные ящики

19

растение

окно

картина

плюшевый медвежонок

диван у окна

подушки

диван

телевизор

орехи

журнальный с[толик]

магнитофон

миска

щипцы для орехов

видеомагнитофон

журналы

журнальная подставка

ковёр

дистанционное управление

яблоки

кресло

корзина

столик

зеркало

книги

книжный шкаф

стена

свеча

часы

камин

лампа

цветы

каминный
экран

каминные
инструменты

ваза

поленья

блокнот

телефон

карандаш

Гостиная   21

палка для занавеса

душ

аптечка

стакан

картина

зубные щётки

полотенца
для рук

тонкие туалетные
салфетки

жидкость для
полоскания рта

шампунь

лосьон

мыло

туалетная
бумага

пена д.
ванны

зубная паста

раковина

ванна

кран

унитаз

крем

кукла

вешалка для
полотенец

маленькое
полотенце

шкафчик под
раковиной

корзина для мусора

Ванная комната

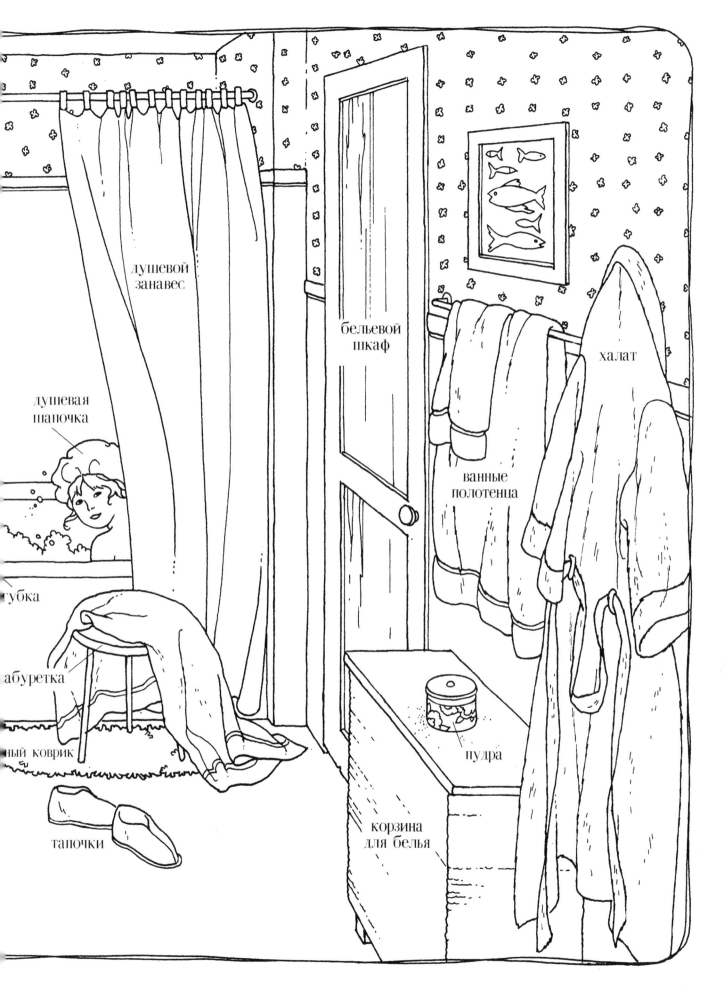

душевой
занавес

душевая
шапочка

бельевой
шкаф

халат

губка

ванные
полотенца

абуретка

пудра

ный коврик

тапочки

корзина
для белья

тарелки

полка

шкаф

календарь

JUNE

кастрюли и
сковороды

смеситель

консервный
нож

полотенца для
посуды

поднос

тостер

жидкое моющее
средство

консервы

кухонный
стол

прихватка для
горячей посуды

горелка

кухонная плита

соломка

духовка

гриль

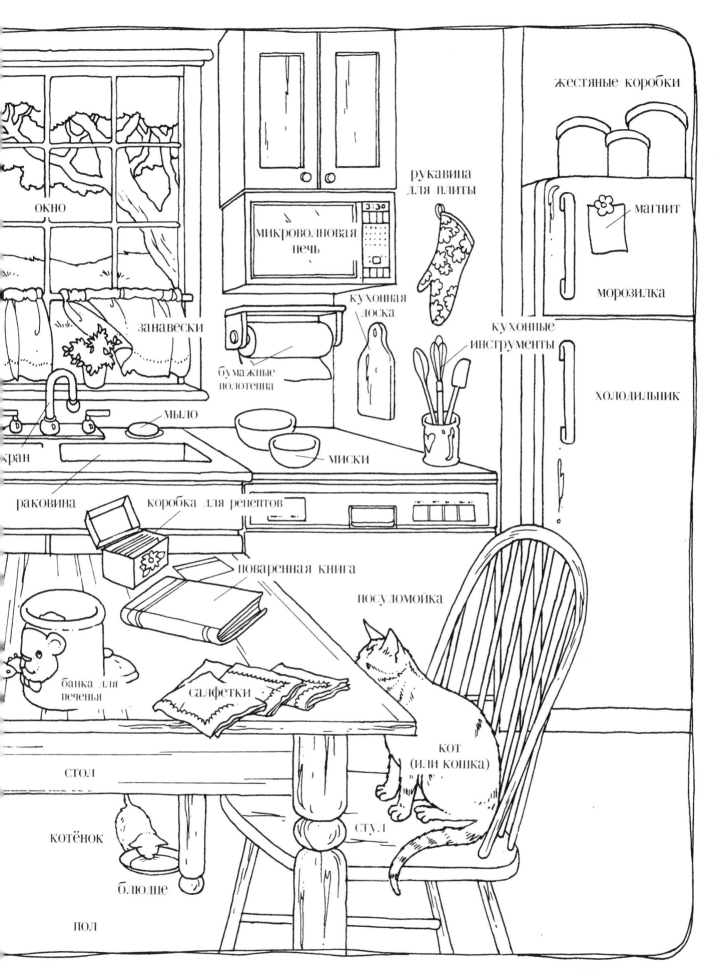

жестяные коробки

магнит

морозилка

холодильник

окно

рукавина
для плиты

МИКРОВОЛНОВАЯ
ПЕЧЬ

кухонная
доска

кухонные
инструменты

занавески

бумажные
полотенца

мыло

МИСКИ

кран

раковина

коробка для рецептов

поваренная книга

посудомойка

банка для
печенья

салфетки

кот
(или кошка)

стол

стул

котёнок

блюдце

пол

Кухня   25

зеркало

комнатное
растение

пирог

тарелки

бабушка

кухня

мать

суп

индюшк

соль и перец

морковь

булочки

стул

ребёнок

брат

детский
стул

скатерть

собака

За обедом

тарелки

шкаф

дедушка

отец

вода

салат

нож и ложка

рох

стакан

вилка

сестра

кукла

указатель

1
молочные продукты
рис
макаронные изделия

2
мыло
отбеливающие и
моющие средства

масло

маргарин

сыр

фруктовый сок

яйца

молоко

хлеб
булочки

книги
журналы

мясной
ассортимент

мясо

коф

суп

дже
же

арахис
мас.

корзина

кассовый
аппарат

печенье

крекеры

кассир

грейпфрут

круглые кексы

сумочка

чеснок

расчётный прилавок

безалкогольные
напитки

пластмассовый
упаковачный
пакет

соленья

кошелёк

консервированные
фрукты

3

консервы
конфеты
воздушная кукуруза

потолок

4

товары для выпечки
продукты для
животных

пакеты для мусора

кренделя

салфетки

алюминиевая
фольга

морские
продукты

бумажные товары

салатная приправа

консервированные
супы

уксус

растительное
масло

весы

хлеб

помидоры

проход

фрукты

морковь

тележка для
покупок

брокколи

зелёная
фасоль

лимоны

апельсины

овощи

персики

лук

сливы

яблоки

груши

картофель

виноград

реклама

дыни

ягоды

бананы

Универсам   29

облака

голова

нос

рот

ухо

чайка

шляпа от солнца

океан

большой палец руки

рука

купальный костюм

запястье

пальцы

локоть

камни

нога

джинсы

ведро

рука

пятка

колено

майка

лодыжка, щиколотка

волосы

шорты

ступня

пальцы ноги

глаза

краб

губы

лицо

лопата

шея

подбородок

галька

сандали

ракушки

песок

На пляже

Alphabetical Word List

автобус: bus
автомобиль с откидным верхом: convertible
альбом для раскрашивания: coloring book
алфавит: alphabet
алюминиевая фольга: aluminum foil
амбар: barn
антилопа: antelope
апельсины: oranges
аптека: drugstore
аптечка: medicine cabinet
арахисовое масло: peanut butter
бабочка: butterfly
бабушка: grandmother
багажник: car trunk
бананы: bananas
банк: bank
банка для печенья: cookie jar
банкомат: ATM (automatic teller machine)
баскетбол: basketball (game)
баскетбольный мяч: basketball (ball)
бегемот: hippopotamus
безалкогольные напитки: soft drinks
бейсбольная бита: baseball bat
бейсбольная перчатка: baseball glove
бейсбольный мяч: baseball (ball)
белка: squirrel
бельевой шкаф: linen closet
библиотека: library
бита: bat
блокнот: notepad
блузка: blouse
блюдце: saucer
большой палец руки: thumb
большой пикап: station wagon
браслет: bracelet
брат: brother
брокколи: broccoli
брюки: pants
булочки: rolls
булочная: bakery
булыжники: rocks
бумага: paper
бумажная тарелка: paper plate
бумажник: wallet
бумажные полотенца: paper towels
бумажные стаканы: paper cups
бумажные товары: paper products
ваза: vase
ванна: bathtub
ванная комната: bathroom
ванные полотенца: bath towels
ванный коврик: bathmat
вафельная трубочка: ice cream cone
ведро: pail
велосипед: bicycle
верёвка для белья: clothesline
вертолёт: helicopter
весы: scale

ветеринарная лечебница: veterinary office
ветровое стекло: windshield
ветряная мельница: windmill
вешалка: clothes hanger
вешалка для полотенец: towel rack
видеомагнитофон: VCR
вилка: fork
вилы: pitchfork
виноград: grapes
вода: water
водитель: driver
воздушная кукуруза: popcorn
воздушный шарик: balloon
воздушные шарики: balloons
волосы: hair
ворона: crow
ворота: gate
выдвижные ящики: drawers
вымпелы: pennants
газон: lawn
галстук: necktie
галька: pebbles
гидрант: fire hydrant
гиппопотам: hippopotamus
глаза: eyes
глобус: globe
гнездо: nest
голова: head
гоночная машина: racing car
горелка: burner
гориллы: gorillas
город: town, city
горох: peas
горшочные растения: potted plants
гостиная: living room
гребная лодка: rowboat
грейпфрут: grapefruit
гриль: broiler
грузовик: truck
груши: pears
губка: sponge
губка для доски: blackboard eraser
губы: lips
дверь: door
девочка: girl
дедушка: grandfather
дерево: tree
деревья: trees
детская коляска: baby carriage
детский стул: high chair
детский турник: monkey bars
джемы: jams
джинсы: jeans
диван: sofa
диван у окна: window seat
дирижабль: blimp
дистанционное управление: remote control
дом: house
дом фермера: farmhouse

дома: houses
дорога: road
дорожка: path
доска: blackboard
доска качели: seesaw
доска объявлений: bulletin board
духовка: oven
душ: shower
душевая шапочка: shower cap
душевой занавес: shower curtain
дыни: cantaloupes
жаровня: barbecue
желе: jelly
железнодорожный переезд: railroad crossing
женщина: woman
жестяные коробки: canisters
жидкое моющее средство: dishwashing liquid
жидкость для полоскания рта: mouthwash
жираф: giraffe
журнал: magazine
журналы: magazines
журнальная подставка: magazine rack
журнальный стол: coffee table
забор: fence
заднее крыльцо: back porch
зайчик: wild rabbit (or hare)
занавески: curtains
запястье: wrist
зебра: zebra
зелёная фасоль: green beans
зеркало: mirror
змеи: snakes
зонтик от солнца: parasol
зубные щётки: toothbrushes
зубная паста: toothpaste
игровые карты: playing cards
игрушка: toy
изгородь: fence
индеец: Indian (Native American)
индюшка: turkey
инструменты: tools
календарь: calendar
каменная стена: stone wall
камин: fireplace
каминные инструменты: fireplace tools
каминный экран: fire screen
камни: rocks, stones
капот: hood (of car)
карандаш: pencil
карта: map
картина: picture
картинки: pictures
картофель: potatoes
кассир: cashier
кассовый аппарат: cash register
кастрюли: pots

клавиатура: keyboard
классная комната: classroom
клоун: clown
клумба: flower bed
книги: books
книжный магазин: bookstore
книжный шкаф: bookcase
ковёр: rug
коза: goat
колено: knee
колесо: wheel
комната: room
комнатное растение: houseplant
комод: bureau
комод для белья: dresser
компьютер: computer
консервированные продукты: canned goods
консервированные супы: canned soup
консервированные фрукты: canned fruit
консервный нож: can opener
консервы: cans
конфеты: candy
корзина: basket
корзина для белья: clothes hamper
корзина для мусора: wastebasket
кормушка: trough
коробка для рецептов: recipe file
коробка из-под обуви: shoe box
коровы: cows
костюм: suit
кот: cat (male)
котёнок: kitten
кофе: coffee
кошелёк: purse
кошка: cat (female)
краб: crab
кран: faucet
крекеры: crackers
крем: cold cream
кренделя: pretzels
кресло: armchair
кровать: bed
крокодилы: crocodiles
кролики: rabbits
кроссовки: sneakers
круглые кексы: cupcakes
крыльцо: porch
крытая повозка: covered wagon
крыша: roof
кукла: doll
кукольный домик: dollhouse
кукуруза: corn
купальный костюм: swimsuit
курица: hen
кухня: kitchen
кухонная доска: cutting board
кухонная плита: stove
кухонные инструменты: utensils
кухонный стол: countertop
лампа: lamp

лебедь: swan
лейка: watering can
ленты: ribbons
лестница: ladder
лимонад: lemonade
лимоны: lemons
линейка: ruler
лицо: face
лобовое стекло: windshield
лодка: boat
лодыжка: ankle
ложка: spoon
локоть: elbow
лопата: shovel
лосьон: lotion
лошадка и тележка: (toy) horse and cart
лошадь: horse
лук: onions
львы: lions
лягушка: frog
магазин одежды: clothing store
магнит: magnet
магнитофон: tape deck
майка: undershirt, T-shirt
макаронные изделия: pasta
маленькое полотенце: washcloth
мальчик: boy
маргарин: margarine
масло: butter
мать: mother
машина: car
машина скорой помощи: ambulance
медведи: bears
медицинское учреждение: doctor's office
мел: chalk
микроавтобус: minivan
микроволновая печь: microwave oven
миска: bowl
миски: bowls
модели самолётов: model airplanes
молоко: milk
молочные продукты: dairy products
морковь: carrots
морозилка: freezer
морские продукты: seafood
мост: bridge
моторная лодка: motorboat
мотоцикл: motorcycle
моющие средства: detergents
мужчина: man
мусорная корзина: wastebasket
мусорный бак: garbage can
мыло: soap
мясной ассортимент: cold cuts
мясо: meat
мяч: ball
наружные ящики для цветов: window boxes
настольная лампа: table lamp
наушники: earphones

нога: leg
нож: knife
нос: nose
носки: socks
ночная рубашка: nightgown
ночная сорочка: nightgown
ночной столик: night table
обед: dinner
обезьяна: monkey
облака: clouds
овощи: vegetables
овца: ewe
овцы: sheep
огород: vegetable garden
одеяло: blanket
ожерелье: necklace
озеро: lake
океан: ocean
океанский лайнер: ocean liner
окно: window
орехи: nuts
отбеливающие средства: bleaches
отец: father
открытки: postcards
пакеты для мусора: trash bags
палка для занавеса: curtain rod
пальцы: fingers
пальцы ноги: toes
парикмахерская: hair salon
парк: park
парковка: parking lot
парта: desk (in school)
парусные лодки: sailboats
пастбище: pasture
пена для ванны: bubble bath
перец: pepper
персики: peaches
песок: sand
петух: rooster
печенье: cookies
пещера: cave
пикап: pickup truck
пикник: picnic
пирог: pie
письменный стол: desk (at home)
плакаты: posters
пластмассовый упаковачный пакет: plastic shopping bag
платье: dress
площадка для игр: playground
плюшевый медвежонок: teddy bear
пляж: beach
поваренная книга: cookbook
подбородок: chin
поднос: tray
подушки: pillows
поезд: train
пожарная машина: fire engine
пожарная часть: firehouse
пожарный кран: fire hydrant
поилка для птиц: birdbath